Anton G. Leitner

Wohin die Reise gehen könnte

Gedichte
Deutsch-Arabisch

أنطون لايتنر

إلى أين المطاف

شِعر

ألماني عربي

Aus der Reihe **Lyrik-Salon Spezial**

سلسلة صالون الشِعر الألماني العربي

Ins Arabische übersetzt und herausgegeben
von
Fouad EL-Auwad

Titel
Deutsch:
Wohin die Reise gehen könnte

Arabisch:
إلى أين المطاف

Autor: **Anton G. Leitner**
أنطون لايتنر

Ins Arabische übersetzt & herausgegeben von
Fouad EL-Auwad
فؤاد آل عواد
Aus der Reihe **Lyrik-Salon Spezial**
سلسلة صالون الشِعر الألماني العربي

1. Auflage 2023, zweisprachig (Deutsch-Arabisch)
Edition Lyrik-Salon Spezial 2023
© Copyright bei Fouad EL-Auwad
www.lyrik-salon.de
© Copyright für die Originaltexte beim Autor
Titelbild, Umschlagsdesign, Satz & Layout:
Fouad EL-Auwad
Fotonachweis für Umschlagseite 4 (Anton G. Leitner):
Peter Boerboom, Münsing

Herstellung und Verlag:
BoD - Books on Demand, Norderstedt
ISBN: 9783757815509

Vorwort

Seit Jahrzehnten pflegt Anton G. Leitner in seiner Lyrik einen ganz eigenen, unverwechselbaren Ton. Dabei kommen seine Gedichte – vordergründig – flügelleicht daher, in zumeist kurzen, lakonischen Versen, die oft durch kühne Enjambements gebrochen sind. Leitner betreibt ein Spiel mit der Eingängigkeit; dahinter tauchen häufig die Abgründe unserer Wirklichkeit auf. Man spürt: Hier dichtet jemand, der mit den Stilrichtungen der Moderne bestens vertraut ist, ohne sich an fade Manierismen zu verlieren. Die Qualität dieser Gedichte entspringt einem unbändigen Vergnügen an der Sprache. So finden die großen Themen der Poesie – Mensch und Natur, Eros und Sinnlichkeit, Werden und Vergehen – bei Leitner einen völlig neuen Ton, nicht selten auch mit Anklängen von Ironie und Komik, hinter denen sich aber tiefer Ernst verbirgt.

Der mutige, gänzlich unkonventionelle Umgang mit den großen Themen der Poesie ist eine der Säulen dieser Dichtung. Die zweite, ebenso bedeutsame Säule ist Leitners genaues Sensorium für gesellschaftlich relevante Themen. Und eine dritte Säule kommt hinzu, nämlich ein ungeheures Gespür für Klanglichkeit und Musikalität – nicht erst, seitdem Leitner auch Verse im bairischen Dialekt verfasst.

2001 schrieb Joachim Sartorius, dass „die Leitnersche Technik der Fragmentarisierung und der stete spielerische Wechsel [...] in einem Ganzen aufgehoben sind". Und Günter Kunert fügte 2004 hinzu, Leitners Poesie trage „das Signum einer Dichtung, die sich unserer wenig rosigen Gegenwart stellt". Seitdem ist die Lyriklandschaft noch diverser geworden: Zugänglichere Formen der Dichtung stehen mittlerweile gleichwertig neben dem hermetischen Gedicht; an dieser Entwicklung hat Leitners Jahresschrift **DAS GEDICHT** einen maßgeblichen Anteil. Und angesichts der Gedichte dieses Bandes, die auf bewundernswürdige Weise ebenso leichtfüßig wie tiefgründig daherkommen, ließe sich mit guten Gründen sagen, dass Leitners Poesie uns Auskunft darüber gibt, „Wohin die Reise / Gehen könnte".

Christoph Leisten

Anton G. Leitner

Wohin die Reise gehen könnte

أنطون لايتنر

إلى أين المطاف

Reihe Lyrik-Salon Spezial 2023

Fliegen lernen

Wie soll das Leben
Leichter werden,

Wenn du so
Schwer bist?

Aber jammern
Hilft nicht.

Also raus
An die frische Luft.

Alles weitere
Ergibt sich

Fast von selbst,
Falls du eine Vor-

Stellung
Davon hast,

Wohin die Reise
Gehen könnte

Nach dem
Abheben.

تعلّم التحليقَ

كيف تريدُ
أن تكونَ الحياةُ أقلّ ثقلاً

إن كنت أنتَ
بهذا الثقل؟

لكن الشكوى
لا تُجدي نفعاً هنا

عليكَ السيرَ
في الهواء الطّلق

وكل أمرٍ آخر
سيأتي من تلقاء نفسه تقريباً

خاصةً إن كان لديك تصوراً
عن كَيْفِيّة حصولهِ

وإلى أين سيكون المطافُ
بعد الإقلاع.

**Eine Kuh ist immer scharf aufs Gras
vor dem elektrischen Weidezaun**

Unterwegs
Zieht es dich heim.

Zuhause
Packt dich das Fernweh.

Einen Schlag bekommst du
So oder so.

**A Kua wui imma des Gras
voam Äleggdro-Zeinal**

Wennsd fuad bisd,
Ziags di hoam.

Wennsd dahoam bisd,
Ziags di fuad.

An Schlog griagsd
Oiwei.

       (Bairische Originalfassung)

عين البقرة دائماً على العشب
أمام السّياج الكهربائي لمكان مَرعاها

ما إن تبتعد عن البيت
تشتاقُ إليهِ

وحين تصلُ إليه
يُشغلك الحنينُ
إلى السفر مرةً ثانية

إنكَ تتألّمُ
في كلتا الحالتين.

Land, Flucht

Ufernähe
Aber die Küste
Duckt sich
Weg

Das Meer sieht

Das Land mit anderen
Augen. (Der Blick geht

Vom Blau ins Gelb ins
Grün.) Ein bewegtes

Kissen für eine ruhige
Nacht im Schoß.

بلدٌ، هروب

قريبٌ من الضفافِ
لكن السّاحلَ
يبتعدُ

البحرُ ينظر

إلى اليابسة بعينٍ أخرى
(النظرات تنتقلُ
من الأزرق
إلى الأصفر ثمّ الأخضر)

وسادةٌ مؤثّرة لنيلِ
ليلة هادئة في الأحضان.

My Fair Lady

Spät öffnet sich
Das Licht.

Die Sonne steigt aus
Dem Wagen.

Sie fährt ein
Käfer-Cabrio.

„You are the sunshine
Of my life!"
Macht sie mich an.

„Handkuss?"
Frage ich und brenne
Wenig später.

سيّدتي العادلة

متأخراً
يُشع الضّوءُ

الشمسُ
تترجّل من العَرَبة

وتقود
عربةً ـ مكشوفةَ

"أنت شروقُ الشمسِ
في حياتي"
تتحرّش بي

"قُبلة يد"
أسأل وأحترق
فيما بعد

Eine Kerze für J.

Meine Gebete
Flackern.

Herr, lass sie
Schmelzen.

Zwei

Wachsen auf
Zehenspitzen

Zusammen

Nippen am
Himmel.

شمعة من أجل "ج"

صلواتي تنبضُ
أيُّها الرّب

دَعْها
تذوبُ

اثنان

ينموان
على أصابعٍ عشرة

سويّةً
يرتشفون
من السّماء

Isarsommer

Müdigkeit
zwischen den
Beinen ist ein
Himbeereis
vom Italiener
um die Ecke.

„Oiss is easy",
steht in der
Zeitung, aber
wer weiß schon
von Sandalen,
denen der
Schweiß anhaftet
von einem noch so
schönen Fuß.

Die Sonne
bräunt den
ausgespuckten
Kaugummi
nach einem
Vollbad in Öl.

صيف نهر الإيزر

تعبٌ،
بين
السّاقين
بوظة التّوت
من محلّ
إيطالي قريب

"كلّ شيء سهل"
هذا
ما جاءَ في الجريدة
ولكن مَن يدري
ما هو الصّندل
الملتصقة به
قطرات عرق قدم
مازالتْ جميلةً

الشّمس
تحرقُ اللّبانَ
المبصوق
بعد حمّامٍ زيْتي

Wer will schon
schlafen um diese
Zeit, wenn es gilt,
den Körper zu
opfern am Grill
für die Blicke.

مَن يريد
النومَ في هذا الوقت
إن كانت الأعراف
ترتَئي التضحيةَ بالجسدِ
على مائدة الشّواء
لخاطر النظرات

Eine Wuchtbrumme

„Da, schau mal
Auf meinen Busen, da
Hat mich eine Wespe
Gestochen", sagt sie
Ganz aufgestachelt und
Reißt ihren Aus-
Schnitt auf in Größe Doppel-
D, wo ich aber bei
Näherer Betrachtung
Gar keinen Stich
Entdecken kann – und auch
Keinen Büstenhalter, stattdessen
Seh ich alles nur noch doppelt
Und verschwommen.
Und es summt und
Brummt wie wild
In meinem Kopf.

أزيزٌ مدوّي

انظرْ
قالت لي:
لَسعني دبورٌ في نهدي
مُحرّضةً إيّاي الاقترابَ منها
بلحظةٍ مزّقتْ فتحةَ الثوب
وبانَ نهدُها بمقاس ـ د مزدوج ـ

إلا أنّه و بعد التّمحيص عن كثب
لم أكتشف أيّ لَسعَة طالتْ نهدها
حتى حمّالة الصّدر لم أرها
وبَدلَ ذلك
بانتْ الرّؤيا ضبابيّةً أمام عينيّ
وبدا كلّ شيء مزدوجاً
همزٌ ولمز
وأزيزٌ صارخٌ
في رأسي...

Stiller Genießer

Hirsch
Besteigt

Kuh.
Baum

Schaut
Durch Ast

Loch
Zu.

متذوقٌ هادئ

أيلٌ
يصعد
على بقرة.

شجرةٌ
تحدّق
بين ثقوب
الأغصانِ

Still Lieben

Keine Farben mehr
Zur Hand

Ich will dich
Farblos

Pinseln
Auf den Bauch

Mit dir allein
Die Beine breit

Schlagen wir uns
In die Büsche und

Diskutieren später
Ein modernes

Sittengemälde.

حُبٌّ صامتٌ

لا ألوان الآن بين يديّ

أُريدكِ
بلا ألوان

فرشاةٌ
على البطن

أودّ أن أكون وحيداً معكِ
والساقان مفتوحتان

نتضارب بالبطون
ونتناقش لاحقاً

حولَ لوحةٍ عن الأخلاق..

Wo die Liebe hinfällt

Einmal zum Himmel hochgeschaut
Und mich in eine schöne Wolke verliebt.
Dabei unten am Boden eine Nacktschnecke
Zertreten. Seitdem klebt meine Sohle,
Und ich schaue nur noch auf den Weg.

Wo d' Liab hifoid

Oamoi in Himme auffegschaugd
Und mia a scheene Woiggn oglachd.
Dabei glei am Bodn a Naggdschneggn
Dadreedn. Seiddem babbd mei Soin,
Und i schaug nua no auf d' Schdrass.

(Bairische Originalfassung)

أينما نقع في الحب

ذات مرةٍ
حين كنتُ أناظرُ السماءَ
وأعشق غيمة عذبة
تعثَّرتُ بحلزونة عاريةٍ
تَحْبو على الأرض

منذ ذلك الحين
وشيء ما يلتصقُ بنعل حذائي
وأنا لا أحدّق إلّا بطريقي.

Schnee, Mann

Das Erleben von heute
Ist die Erinnerung

Von morgen. Morgen
Fällt Schnee. Über

Morgen schmilzt
Er. In ihren

Armen.

رجلُ الثلج

ما نعيشهُ اليومَ
ما هو إلا ذكريات الغدِ

في الغدِ
ستتساقط الثلوجُ

وبعدَ غد
سوف يذوبُ هو

على ذراعيها

**Kleine Welt Runde
mit F.**

Alles, was ich brauche
Um mich: Du, will sagen
Bist der Halt, aber drehst dich
Mit mir im Kreis.
Wir beschreiben uns selbst
Im Drehen erst richtig:
Mann und Frau –
Bis das Karussell stillsteht
Halten wir stand.

جولة صغيرة حول العالم
مع "ف"

كل ما أحتاجهُ
حولي هو أنتِ
أودّ هنا الاعترافَ
أنّكِ سندٌ لي

لكنّا ندور حولَ بعضنا
وفي الدوران
نَصفُ أنفسنا بشكل صحيح:
"رجلٌ و امرأةٌ"
يقاومان الدورانَ
إلى أن يتوقّفَ
اهتزازُ الأرجوحةِ الدّائرية.

Kometenfernsehen

Du weißt ja
Nicht einmal mit letzter Sicherheit,
Wie morgen das Wetter

Wird. Wie willst du
Dann wissen, wo
Die Reise hingeht?

Schdean schnubban

Du woasd ja
Need amoi gwies,
Wia moang 's Weda

Wead. Wia wuisd
Nachad wissn, wo 's
Higeed mid dia?

(Bairische Originalfassung)

34

تلفزيون النجوم المذنّبَة

أنتِ تعرفين جيداً
ما مِن يقينٍ تام
حول حالة الطّقسِ غداً

فكيف تريدين
أن تعرفي
إلى أين أنتِ ماضية؟

Die Kinder von den Eltern der Generation
Ich-Ich-Ich werden immer noch schlauer

„Ich verteile nur noch sehr gute Zensuren",
Sagt der Lehrer,
„Dann erspare ich mir den Ärger
Mit den Rechtsanwälten
Der Eltern, und meine Schüler
Benoten mich dafür mit Zwei plus im Evaluierungsbogen."

De Kinda vo de gscheadn Äiddan
wean oiwei no gscheida

„I teil nua no Oansa aus",
Sogd da Leera,
„Nachad gibds koan Eaga mea
Mid de Rechdsvadrea
Vo de Äiddan, und de Schüla
Gem mia aa a guade Nodn."

(Bairische Originalfassung)

أطفال أبناء جيل الأنا
يصبحونَ أذكى وأذكى

"لا أمنحُهم سوى علامات ممتازة"
يقول المعلّمُ:
"هكذا أتجنّبُ المشاحنة
مع محامي الأهالي من جهة
ومن ناحيةٍ أخرى
أضمن درجةً جيّدةً
في استمارة تقييم المعلمين
التي يملؤها التلاميذ أيضاً.

**Was will mir der Herr Nachbar
mit der Säge sagen?**

Ich bin
Stärker als der
Wilde

Wuchs.
Ich säge
Den Baum ab

Auf dessen Ast
Du nie mehr
Sitzen wirst.

ماذا يريد جاري
أن يقول لي بمنشارِهِ؟

أنا
أقوى من
الوحوش

أقطَعُ
الشجرةَ
بالمنشار

الشجرةُ التي
لن تستطيعَ أنتَ بعد الآن
الجلوسَ على غصنها.

Wenn es so einfach wäre,
wie es ist

Viel Kahlschlag
generiert viel Kohle.
Und weil man mit viel Holz
so viel Asche
machen kann, fällen sie
immer noch mehr Bäume.
Das böse
Spiel nennen sie
dann Wald-
wirtschaft.

Bois so simbbl waar,
wias is

Vui Hoiz macha
machd vui Hoiz.
Und wei vui Hoiz
macha so vui Hoiz
machd, hoizns
oiwei no mera ab.
Des gscheade
Schbui nennans
nachad Woid-
wiaddschafd.

(Bairische Originalfassung)

إن كان الأمرُ بهذه السهولة،
كما يجب أن يكونَ

الإكثارُ في قطع الأشجار
ينشأ عنه الفحمُ الكثير
وبما أن كثيراً من الخشب
يوَلّدُ خلفهُ رماداً كثيراً
يقطعون الأشجار مراراً

لكنّ اللّعبةَ الخبيثةَ هنا،
أنهم يُسمّون عَملهم هذا:
ضرورة العمل الجِراجي

Zäune ziehen

Auch im
Gebirge!

„Wie es ist,
Ist es gut“,

Sagt der
Gewählte,

„Weil alles
So bleibt,

Wie es immer
Schon

War. Und
Ich bleibe hier

Bei euch.“
Am Ruder.

مدّ السياج

على
الجبال أيضاً

"فكلّ شيء
على حاله جيد"

يقول الفائز بالانتخابات
ويتابع
"لأنّ كل شيء
يبقى على حاله،

هكذا كما كان دائماً
في الماضي

وأنا سأبقى، هنا،
عندكم"

على الدوام

Hygienekonzept

Spuck dir
Mehrfach
In die Hände
Und schlag
Danach ein
Bei einem,
Der dich
Über den Tisch
Ziehen will.

A sauwane Sach

Schbugg da
A boa Moi
In d' Hend
Und schlog
Danoch ei
Bei oam,
Dea di
Üwan Diesch
Ziang wui.

(Bairische Originalfassung)

مخطوط للنظافة

ابصق
مراراً
في يدِكَ
واضربْ فيما بعد
كفّاً بكفِّ
كلّ من يحاول
أن يغشكَ

Filterblase

Verschonen Sie mich
Gefälligst
Mit Fakten,
Sonst werde ich
Noch ganz gaga.

Fuiddablosn

Vaschonds mi
Biddscheen
Mid Faggdn,
Sonsd wea i
No damisch.

(Bairische Originalfassung)

مصفاة فقاعةٍ

اعفني
من فضلك
من كلِّ هذه الحقائق
والمستندات
وإلاّ سوفَ أصبحُ
مهبولاً

Der schöne Schein

Nicht alles, was ist,
Ist auch wirklich so, wie du
Meinst. Aber

Wenn du wirklich meinst, dass es so
Sein soll, dann lassen wir es
Halt so sein.

Da scheene Schein

Need oiss, wos is,
Is aa so, wiasd moansd,
Dass is. Awa

Wennsd moansd, dass so
Sei soi, nachad lassmas
Hoid so sei.

(Bairische Originalfassung)

البريقُ الجميل

ليس كلُّ ما هو موجود
هو بالواقع هكذا
كما أنت تفهَمُه

أمّا
إن كان رأيكَ فعلاً،
أنّه يجب أن يكون هكذا،
فلندعهُ إذاً
ليكونَ كما تريدُه أنتَ.

Krempel

Wenn deine Wohnung immer mehr
Zuwuchert, merkst du, dass du
Alt wirst, und je mehr du im Krimskrams ver-
Sinkst, umso älter bist du geworden.

Gruusch

Wenn da dei Bude imma mea
Zuawuchad, meagsd, dassd
Oid weasd, und je meas zua-
Waxd, umso äidda bisd woan.

(Bairische Originalfassung)

50

فوضى

عندما يمتلئ بيتُكَ
أكثرَ فأكثر
بأشياءَ وأشياء
فلتدرك حينها أنكَ قد هَرمتَ
وكلما ازدادَ انشغالكَ
بأشيائكَ المُبعثرة
ازددْتَ هَرماً.

Bumerang

Vater wollte
für alle etwas tun,
weil es ihm gut
getan hat, Gutes
zu tun, damit sich
auch etwas ändert in der
Welt. Und er war fest
davon überzeugt, dass uns alles
vergolten würde, was
wir für andere tun.

Als es aber schließlich
zu Ende ging mit
ihm, wurde es sehr
ruhig um ihn. Da
waren nur noch wir
da und ein paar aufrechte
Menschen, für die
Vater bestimmt nie
etwas hatte tun müssen.

النُكران

كان أبي
يساعد الآخرين دائماً
كان يُسعدهُ وَهبَ الآخرين
شيئاً جيداً
بظنّه أن يتغيرَ العالمُ
نحو الأفضل
كانتْ قناعتُهُ ثابتة
بأنّ ما نفعلهُ ونقدمه
سيعود بالمثلِ علينا

إلا أنه في أيامه الأخيرة
عندَما لفظَ آخر أنفاسه
حيث كل شيء كان هادئاً حَولهُ
و العائلة تُحيط به
لم يكن من الناس هناكَ
سوى بعض الشرفاء المستقيمين
الذين لم يكونوا يوماً في حالة تستدعي
أن يفعل أبي أيَّ شيء لأجلهم.

Laugengebäck mit Butter am Morgen –
Mutter und Sohn
an Vaters erstem
Todestag

Mutter:
Es ist nicht mehr schön.
Es ist nicht mehr schön.
Nein, es ist nicht mehr
schön. Es ist wirklich
nicht mehr schön. Nicht
schön. Wirklich nicht.
Es ist nicht mehr schön.
Nicht mehr schön ist das.
Nicht mehr schön.
Wirklich nicht
schön.

كعكة القربان مع الزبدة عند الصباح

"الأم والابن
في الذكرى الأولى لوفاة الأب"

الأم:
لم تعدْ الحياةُ جميلةً
لم تعدْ الحياةُ جميلة
كلّا، لم تعد الحياةُ جميلةً
حقاً... لم تعد الحياة جميلة
حقاً ليستْ جميلة
لم تعدْ جميلة
هذه الحياة لم تعد جميلة
لم تعد جميلة
حقاً إنها لم تعد جميلة

Sohn:
Jetzt mach mal halblang, früher
war es ja auch nicht immer-
zu nur schön. Aber
wirklich nicht. Nicht
immer. Aber was ist schon
schön? Auf ewig ist nichts
schön, weil es dann schön
langweilig werden würde, wenn es
zu lang schön wäre.
Schön langweilig ist ja
auch nicht schön.

Mutter & Sohn:
Schön ist es nicht
immer, schön war es
nicht immer, und
schöner wird es
auch nicht mehr, als es
eh noch nie
gewesen ist. Richtig
schön ist es, und
ab jetzt geht
alles richtig schön
den Bach runter!

الابن:

على رسلك،

ففي الماضي أيضاً

لم يكن كلّ شيء جميلاً

حقاً.. لم يكن هكذا

ولن يظلّ دائماً

ولكن ما هو الجميل؟

ليس هناك شيءٌ جميلٌ

يبقى جميلاً إلى الأبد

لأنه ربما سيصبح مُملاً

إذا استمرّ لوقت طويلٍ

و على الدوام

ولو كان جميلا ومملاً

فبالتالي ليس جميلٌ

الأم والابن

ليس دائماً كلّ شيء جميل

ولم يكن أبداً كل شيء جميلاً

وسوف لن يكون يوماً

أجمل ممّا كان عليهِ

نعم...

كُل شيء جميل

ومن الآن فصاعداً

ستسيرُ كل الأمور

بشكل جميلٍ إلى الهاوية ...

57

Der Tod reißt
uns dann und
wann aus
dem Schlaf. Mit
offenen Augen
leben wir weiter.

Aber manchmal
macht es Freude,
die Luft vor
die Tür zu setzen
oder eine Liebe
in den Kamin
zu schreiben.

Man freundet sich an
mit dem Nichts –
in blinder
Erwartung.

الموتُ

يسرقنا من النّوم
متى
وأينما شاءَ

ونحن نعيشُ فيما بعد
بعيونٍ مُتيقظةٍ

إلا أنّه يسُرنا
في بعض الأحيانِ

أن نُبقي الهواءَ
خارجَ الأبوابِ
أو أن نكتبَ الحُبّ
على لهيب الموقدِ

نتصالحُ مع اللّاشيء
وكلُّنا أمل.

Wieder Vereinigung

Ein Rauch kehrt
zu seinem Feuer
zurück.

Zeit

Wir begrenzen

Den Tag,
Den wir messen,

Mit Zäunen.

الوحدةُ من جديد

يعودُ الدَخانُ
إلى ناره.

زمن

نبني لليومِ
الذي نقيسهُ
حدوداً
ونُحصّنهُ
بالأسوار.

Schwarzweißaufnahme

Die Nacht kommt
Durch das Gebüsch

Gekrochen: Der Tag
Übt noch

Den aufrechten
Gang.

Umschwung

Der Himmel
bricht auf
zu anderen
Farben.

صورة بالأسود والأبيض

يأتي الليلُ
من بين الشجيراتِ

أما النهارُ
مازال يتدرّبُ زاحفاً
أن يمشي
مرفوعَ الهامَة.

تحوّلات

السّماءُ
تشقّ دربَها
إلى
ألوانٍ أخرى.

Veröffentlichungen des deutsch-arabischen Lyrik-Salons

Anthologien:

Bis jetzt haben über 300 Dichterinnen und Dichter aus unterschiedlichen Kulturen an den Veranstaltungen und den Anthologien des deutsch-arabischen Lyrik-Salons teilgenommen. Es sind bis jetzt 15 zweisprachigen Anthologien (Deutsch-Arabisch) erschienen. Ins Deutsche bzw. ins Ara-bische wurden sie von Fouad EL-Auwad übersetzt und herausgegeben.

1. **stein der oase**, Allitera Verlag, München 2005
2. **garten der illusion**, Edition Orient, Berlin 2006
3. **dOrt** Shaker Media, Aachen 2011
4. **einfach so**, Edition Orient, Berlin 2012
5. **die kerze brennt noch**, Reihe Lyrik-Salon Spezial, BoD, 2013/14
6. **zartheit des feuers**, Reihe Lyrik-Salon Spezial, BoD, 2015
7. **Zwanzig Wege**, Reihe Lyrik-Salon Spezial, BoD, 2016
8. **Wort für Wort**, Reihe Lyrik-Salon Spezial, BoD, 2017
9. **Hörst du das Licht, wenn es liebt** Reihe Lyrik-Salon Spezial, BoD, 2018
10. **ein punkt am ende des abends**, Reihe Lyrik-Salon Spezial, BoD, 2019
11. **grün zu rot**, Reihe Lyrik-Salon Spezial, BoD, 2020/21
12. **Ein Gesicht, auf dem Minze wuchs**, Reihe Lyrik-Salon Spezial, BoD, 2022
13. **Im Schatten der Tomaten regnet es nicht**, Reihe Lyrik-Salon Spezial, BoD, 2023

die 14. und 15. Anthologien sind noch in Vorbearbeitung, werden aber 2023 erscheinen.

Reihe Lyrik-Salon Spezial

Aus dem Deutscheren ins Arabische übersetzt und herausgegeben von Fouad EL-Auwad:

1. Patrick Beck   2022
2. Anton G. Leitner   2023
3. Ludwig Steinherr   2023
4. Fouad EL-Auwad   2023

Weitere Informationen unter:
www.lyrik-salon.de

Anton G. Leitner

Wohin die Reise gehen könnte

أنطون لايتنر

إلى أين المطاف

Aus der Reihe **Lyrik-Salon Spezial**
سلسلة صالون الشِعر الألماني العربي
Aus dem Arabischen übersetzt und herausgegeben
von
Fouad EL-Auwad